D1723627

Tiefsinnige

Spitzfindigkeiten

Gemalte Gedichte

Bilder
Gabriele Schupfner
Maria Stephan

Gedichte
Wolfgang Strupat

© Copyrights:
Bilder: Gabriele Schupfner, Maria Stephan
Gedichte, CD: Wolfgang Strupat

Alle Rechte vorbehalten.

Erschienen im Eigenverlag
 - Herausgeber und Verfasser:
Gabriele Schupfner, Maria Stephan, Wolfgang Strupat,
D-83236 Übersee am Chiemsee/Oberbayern

Layout: Gabriele Schupfner
Fee: Martina Strupat

1. Auflage

Gedruckt auf chlorfrei gebleichtem Papier

Druck: A. Miller & Sohn, Traunstein

Auch als **Hörbuch-CD*** erhältlich
- gesprochen von ©Wolfgang Strupat.
CD zu bestellen (solange vorrätig)
unter MartinaStruppi@gmx.de oder Tel. 08642/59 56 20
für 6,95 Euro + Porto gegen Vorauskasse.
                                    *Tonator: Florian Gerger

Mildtätige **Spende** je verkauftes Buch oder CD: 1 Euro

ISBN 978-3-00-027077-2   Printed in Germany

Inhalt

Gabriele Schupfner – Aquarell

Die Illusion

Die Illusion gleicht einer Brille,
mit der man sieht, was man vermisst.
Sie zeigt ein Gaukelspiel der Wahrheit,
deren Regisseur man ist.

Wünsche werden zu Gedanken,
die auf einmal wirklich sind,
spiegeln Lebensträume wieder,
denen man nur schwer entrinnt.

Sehnsucht webt den Zauberschleier
zu einer Welt aus Wahn und Hohn,
wird zum Schattenspiel der Täuschung
und begehrt nach Illusion.

Um diese Welt so zu erleben,
wie sie wahr und wirklich ist,
muss man mal die Brille putzen,
denn im Schleier wohnt die List.

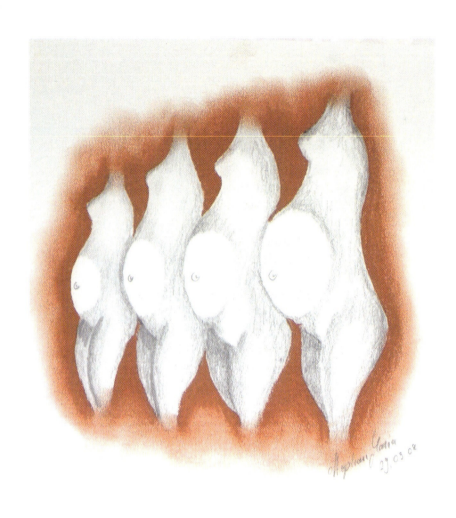

Maria Stephan - Zeichnung

Der Bauch

Der Bauch - nicht nur zum Kinderkriegen,
nein, auch um wonnig drauf zu liegen.

Er ist das Hirn im Unterleibe,
fühlt mit Bedacht und ist sehr weise.

Was oben alles ausgeheckt
wird unten in den Müll gesteckt.

Der Seele ist er wohl bekannt -
denkt ganz für sich, nie mit Verstand.

Also lasst uns Bäuche wachsen
und nicht die Hirne unter Glatzen.

Maria Stephan – Öl

Seeblick

Im Abendrot treibt meine Seele
in der Farbenpracht dahin,
spielt mit jedem Wassertröpfchen,
dessen Geist und See ich bin.

Tauche mein Gefühl in Wärme,
jenem stillen Abendrot,
verliere mich in Glück und schwärme,
hoffend auf das Morgenrot.

Wellen flüstern leise Sagen
über das, was je geträumt,
lassen mich die Ferne ahnen,
die ein Ufer sanft umsäumt.

Seeblick ist ein Abenteuer
für das Innere der Welt,
gibt dem Herzen Hoffnungsschimmer
und der Seele Sternenzelt.

Unbewusstes aus der Tiefe
steigt empor und raunt mir zu,
gebe deiner Sehnsucht Flügel,
den Gedanken gebe Ruh.

Gabriele Schupfner – Acryl

Die Zeit

Die Zeit - erfunden und gemacht
von intelligenten Wesen,
jetzt laufen sie ihr hinterher,
als ging es um ihr Leben.

Rennen, hasten, stehend essen,
der Mensch ist von der Zeit besessen.

Sie jagt ihn blindlings durch die Welt,
denn außerdem ist Zeit auch Geld.

Schon heute sieht man Leute laufen,
um sich ein wenig Zeit zu kaufen.

Doch diese Art, sie einzufangen,
ist stets und gründlich schief gegangen.

So bleibt zum Schluss nur noch der Rat:
Steh später auf und nimm ein Bad.

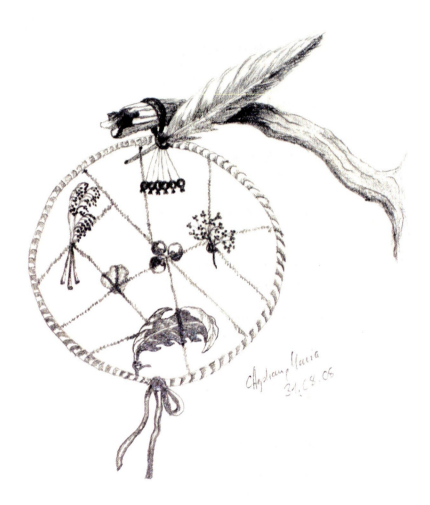

Maria Stephan - Bleistiftzeichnung

Meditation

Jeder weiß den rechten Weg,
wenn es ums Meditieren geht.

Augenschließen und entspannen,
Gedanken aus dem Geist verbannen.

Psychoreisen in die Ferne,
fremde Welten, ferne Sterne.

Flüchten aus der Alltagswelt
in eine andre, die gefällt.

Träumend durch die Zeiten gleiten,
die Engel winken schon von weitem.

Der Geist versinkt in Moll und Dur,
die Seele geht zur Badekur.

Mit dieser Art zu meditieren
wird man sich höchstens selbst verlieren.

In Wahrheit ist Meditation
Erkenntnis und nicht Illusion.

Gabriele Schupfner – Acryl

Leidenschaft

Grenzenlos ist ihr Verlangen,
schaurig ist allein das Wort;
jene, die sie eingefangen,
warfen alles über Bord.

Sie ist die Königin der Triebe,
egal wess Geistes Kind man ist.
Sie paart den Hass mit heißer Liebe
ohne jede Hinterlist.

Wie ein Stier kommt sie getrampelt,
wütet blindlings um sich her.
Sie kennt keine Hindernisse,
will das "Alles" und noch mehr.

Wer sich einmal hingegeben,
nicht mehr weiß, was er da tut,
fürchtet nie mehr Hausarbeiten
und findet auch das Fernsehen gut.

Gabriele Schupfner – Acryl

Wandlung

Wandlung heißt der Reiseweg
von hier nach da und dort.
Betreten wir die Daseinsbühne,
gilt sie uns als schönster Ort.

So kommen wir von irgendwo
in diese Welt hinein
und gehen wieder irgendwann,
wohin - weiß ER allein.

Gabriele Schupfner – Aquarell

Der Versucher

Heute hör ich auf mein Innres,
trotze des Versuchers Gunst,
gebe Acht auf meine Wünsche
und deren listenreiche Kunst.

Nichts wird mich verführen können,
weder Braten, Wein, noch Frau'n,
lebe frei und ungebunden,
geb Gelüsten keinen Raum.

„Halt!" ruft da mein teures Innres
„Willst Du ungebunden sein,
darfst Du Dich in nichts beschränken,
sonst bleibt Freiheit nur ein Schein."

Bin nun hin und her gerissen,
darf ich denn jetzt alles doch?
Hatte immer angenommen,
das Innre sei ein strenges Joch.

„Leben ist ein Abenteuer,"
raunt mein Inneres mir zu
„zieh nicht jetzt schon an den Zügeln,
hast später Zeit genug dazu."

Soviel Weisheit macht mich staunen,
dass mein Inneres mir rät,
mich dem Leben hinzugeben,
bevor es irgendwann zu spät.   >>>

Glücklich über diese Wendung
schenk ich mir ein Gläschen ein,
trinke auf das Wohl der Frauen
– und schenk mir noch ein Gläschen ein.

Am nächsten Morgen, leicht verschwommen,
kommen Zweifel über mich,
ob denn das, was gestern klar war,
heute auch noch richtig ist?

Den ganzen Tag hab ich gegrübelt,
hab gesonnen und gedacht,
ist mein Innres der Versucher
– hat mir etwas vorgemacht?

In des Schlafes tiefster Stunde
sprach mein Inneres zu mir:
„Beachte den Gedankenschleicher,
er meint es ja so gut mit Dir."

Dies tat ich und mir wurde klar,
wer letztlich der Versucher war.
Nicht mein Innres hat gelogen
und mich in meinem Tun betrogen.

Nein, listenreich hat der Versucher
mir den Gedanken unterstellt,
als ob mein Innres – und nicht er –
zu tun riet, was mir gut gefällt.

Gabriele Schupfner – Acryl

Brücke

Sehnsucht liegt in seinen Augen
      schaut er hinauf zum Sternenzelt
           und träumend kommt ihm der Gedanke,
              gibt es ein Ende dieser Welt?

Träume spannen ahnend Brücken
      zwischen Raum und Ewigkeit,
           lassen uns den Weg erkennen
              in eine andre Wirklichkeit.

Gabriele Schupfner – Aquarell/Kohle

Durchbruch

Nach vorne schauen, vorwärts gehn,
die Welt und auch sich selbst verstehn
ist Menschentraum und Lebensglück,
doch viele schauen nur zurück.

Sie stehen wie vor einer Wand
und hoffen auf die Führungshand.

Ein Mensch, der wartend geht und steht
und nur nach seinem Retter fleht,
wird niemals seinen Durchbruch schaffen,
wird immer tun, was andre machen.

Gabriele Schupfner – Aquarell

Das Problem

Das Problem ist ein Gespinst,
das Du durch Grübelei ersinnst.

Nachdem Du lang genug gesponnen,
hast Du Dir ein Problem ersonnen.

Nun kannst Du zu Bekannten gehn
und fragen, wie denn sie es sehn.

Hin und her wird es gewendet,
guter Ratschlag wird erteilt,
sorgsam musst Du darauf achten,
dass Dich die Lösung nicht ereilt.

Denn ein Problem mit schneller Lösung
raubt Dir jedes Mitgefühl
und Du landest augenblicklich
im allzu menschlichen Gewühl.

Ein Problem musst Du behüten,
musst es hätscheln wie ein Kind,
sonst ergeht es Dir wie jenen,
die ohne auch ganz glücklich sind.

Gabriele Schupfner – Aquarell

Frühling

Weidenkätzchen, erste Boten
einer neuen Frühlingszeit,
zeigen scheu ihr weißes Pelzchen,
verraten uns: Bald ist's soweit.

Und langsam nach den grauen Tagen
einer tristen Winterzeit
entfalten sich die zarten Blättchen
und machen unsre Herzen weit.

Vogelzwitschern, süße Düfte
von dem nahen Fliederbaum
lassen die Gedanken schweben
und geben unsrer Freude Raum.

Bunte Wiesen, grüne Wälder
laden unsre Sinne ein
sich in diesem Meer zu baden
und dankbar stimmt die Seele ein.

Frühling heißt der Zauberschleier,
der Hoffnung in die Herzen webt,
dass ein Neubeginn des Schönen
den Geist erfrischt und ihn erhebt.

Gabriele Schupfner – Mischtechnik

Das Loch

Das Loch hat keine Dimension,
das wussten auch die Alten schon.

Nur irgend etwas hat es doch,
sonst gäbe es ja gar kein Loch.

Ist es das Sein, das alles schafft,
so hat es auch das Loch gemacht.

Denn ohne Sein gäb's keine Welt
- und auch kein Loch, in das man fällt.

Das Nichts, so sind wir uns im Klaren,
wird erst durch das Sein erfahren.

Wenn etwas ist, das gar nicht da,
war es das Sein, das es gebar.

Gabriele Schupfner – Aquarell

Der Kulturbeutel

Einst, als der Mensch noch nackt und bloß,
schrieb man Hygiene nicht sehr groß.
Er lief umher in ein paar Sachen
und ab und zu ging er sich waschen.
Die Zeit verging, die Seife kam,
und mit ihr auch der andre Kram.

Man putzte sich mit Schaum und Ölen,
wohnte in Häusern statt in Höhlen
und erfand, es wurde Zeit,
die aufgesetzte Eitelkeit.
Perücken, Kämme, Läuseharken
ließen das Selbstgefühl erstarken.
Reiten, Tanzen, Müßiggang,
Opernhäuser, Festgesang
- die Welt erschien in Moll und Dur;
der Mensch empfand das als Kultur.
Man reiste nun in ferne Länder,
bestaunte Tempel und Gewänder,
probierte fremde Speisen aus
und fuhr beglückt zurück nach Haus.
Nur eines wollte noch nicht passen,
wohin mit all den Schönheitssachen,
diesen Bürsten, Kämmen, Schminken
und Deos gegen übles Stinken?
Sie müssen immer greifbar sein,
um menschlich kulturell zu sein.
Also musste man was bauen,
um diese Sachen zu verstauen.
Man dachte ohne Rast und Ruh
und kam so auf das Känguru.
Stets trägt es alles, was es braucht,
im Beutelchen vor seinem Bauch.
Dies war der Durchbruch zur Ästhetik,
geprägt vom Zeitgeist neuer Ethik.
Als Zeichen äußerer Kultur
hat heut der Beutel Konjunktur.

Gabriele Schupfner - Bleistiftzeichnung

Zeitlos

Leben, kämpfen, trauern, lieben
- wo ist nur die Zeit geblieben?

Was soll die Frage nach der Zeit,
gibt es denn keine Ewigkeit?

Jahre kommen, Jahre gehen,
alle haben ihre Zeit,
doch nur die kleinen Augenblicke
besitzen wirklich Ewigkeit.

Träume haben keine Stunden,
sie sind da und wieder fort,
zeitlos schweben sie vorüber
zu einem unbekannten Ort.

Glücklich sind die Mußestunden
am verträumten Fensterplatz,
wo leise die Gedanken segeln
und bedecken unsere Hatz.

Bin gerade aufgewacht
und reibe mir die Augen,
hab heimlich nach der Uhr geschaut,
sie stand, ihr könnt mir 's glauben.

Maria Stephan – Acryl

Das Fremdwort

Das Fremdwort gilt in manchem Kreise
als Ausdruck höchster Lebensweise.

Für jenen, der nichts sagen kann,
da bietet es sich dienlich an.
Auf Partys oder auch Empfängen
gilt es als schicklich es zu nennen.

Sehr involviert wird dort parliert
über das, was nicht passiert.

Nur der ist hier ein wahrer Mann,
der mindestens ein Fremdwort kann.

Nur manchmal wird es etwas peinlich,
Begriff und Fremdwort gehn nicht einig.
Das macht ja nichts, das ist nicht schlimm,
wer kennt hier schon den wahren Sinn.

Man trifft sich nicht, man hat ein Date,
wenn es um etwas Neues geht.

Wer eben etwas auf sich hält,
spricht muttersprachlich leicht verstellt.
Denn Auslandsdeutsch nasal gebracht,
hat manchen Blender groß gemacht.

Maria Stephan – Pastellkreide

Der Zwischenraum

Der Zwischenraum ist jene Lücke,
die das füllt, was man nicht sieht
und die Fülle dieser Lücken ist das,
was allem Ausdruck gibt.

Er erzeugt die sanften Schatten,
die alles so lebendig machen.

Kein Blättchen wiegte sich am Baum
ohne einen Zwischenraum.

Würde man alles komprimieren
ohne einen Zwischenraum,
dann gäbe es auf unsren Bieren
noch nicht einmal den schönen Schaum.

Maria Stephan – Pastellkreide

Der Stein der Weisen

Gestalten schleichen durch die Nacht,
ein Rabe hält bei Vollmond Wacht.
Mit Wünschelrute, Räucherwerk
begleitet sie ein Mythenzwerg.

Den Stein der Weisen will man finden,
denn er soll von der Weisheit künden.
Sie suchen hier, sie suchen dort,
doch scheinbar wechselt er den Ort.

So glaubte man vor vielen Jahren,
den Ort durch Zauber zu erfahren.
Mit Götterfunken - Zauberkraft,
Avalon - Walpurgisnacht,
Siegfried und den Nibelungen
ließ man weise Steine summen.

Auch König Artus ritt durchs Tal,
auf der Suche nach dem Gral.
Es ist ein Kreuz, ob Gral, ob Stein,
wo mag denn nur die Weisheit sein?

Wir müssen uns einmal besinnen,
sie ist nicht außen, sondern innen.

In Delphi steht auf einem Stein
ERKENN DICH SELBST - das ist gemein!

Gabriele Schupfner – Aquarell

Kunst

Rätselnd steht man vor Objekten,
dreht den Kopf von links nach schräg,
beachtet auch den Einfallswinkel,
der vielleicht den Ausdruck prägt.

Trotzdem will es nicht recht glücken,
tief und ernst den Sinn zu sehn,
da die Kunstobjekte heute
oftmals ohne Nennung stehn.

Also liegt es beim Betrachter,
dies und das herauszusehn,
nur manchmal ist es fast unmöglich
die Objekte zu verstehn.

Besonders schön sind Vernissagen,
wo ein jeder blickt und schaut,
ob ein anderer Betrachter
einem nicht die Schau versaut.

Der Künstler naht mit kleinen Schritten,
die Miene wichtig aufgesetzt,
das Publikum folgt jeder Geste,
mit der er sich in Szene setzt.

Leise haucht er in die Menge,
wählt die Worte mit Bedacht,
dass Kunst als solche nicht gelänge,
es sei die ART, wie man sie macht.

Gabriele Schupfner – Kohlezeichnung

Der Zeitgeist

Unsichtbar, doch voller Kraft,
ist es der Geist, der alles schafft.
Die Zeit benutzt er nur als Spiel,
im steten Ändern liegt sein Ziel.

Denn nur der Wandel ist beständig,
er macht das Leben erst lebendig.

Ob Mode, Schönheit oder Liebe,
das Denken über unsre Triebe,
ob er, ob sie sich neu besinnt,
vom Zeitgeist wird es so bestimmt.

Wo kommt er her, wo geht er hin,
vertieft er unsren Lebenssinn?

So mancher Philosoph und Dichter
erhob sich über ihn als Richter
und merkte nicht, dass er es war,
der ihm doch Wort und Schrift gebar.

Erst mit der Reife kommt die Zeit,
in der ein Mensch den Geist begreift.

Gabriele Schupfner – Farbstifte

Das Ideal

Das Ideal ist die Bestrebung,
so zu sein wie man gern wär.
Die meisten Menschen sind der Meinung,
ich bin nichts, der andre mehr.

So wird kopiert und abgeschaut,
was der andre grade tut,
ist man fast wie er geworden,
fühlt man sich eher schlecht als gut.

Da ist ein Etwas tief verborgen,
das nicht so ist wie er,
gibt wohl sein Lächeln oder Schweigen
ihm dieses Kleine mehr?

Egal, was man versuchen mag,
um so zu sein wie er,
Charakter ist nicht zu kopieren,
ein Abziehbild schon eher.

Wer anders sein will, als er selbst,
erkennt die Fügung nicht,
dass jeder Mensch ein Original
und keine Zweitschrift ist.

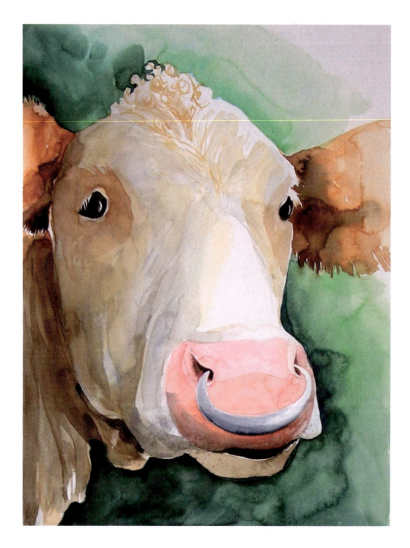

Gabriele Schupfner - Aquarell

Keiner will wie jeder sein

Der Mensch als Individuum
erstrebt in seinem Einzeltum,
dass er nicht so wie jeder ist,
sonst würd er nicht einmal vermisst.

Drum strebt er nach Einmaligkeit
und ist nach außen hin bereit
sich so von allen und von jedem
in einer Weise abzuheben,
bis er sich letztlich so verrennt,
dass er sich selbst nicht wiederkennt.

Zunächst beringt er seine Finger,
dann Ohren, Nase, Zunge, Hals,
die Daumen sind nicht zu vergessen,
die Füße bieten auch noch Halt.

Wenn er in Ring und Ketten liegt,
die Finger kaum gebogen kriegt,
beschließt das Individuum:
Den Körper mal ich auch noch bunt.

Nachdem das Nötigste getan,
beginnt der eigentliche Wahn.
Rumpf und Haupt sind noch zu richten,
um sich der Einheit zu verpflichten -
bis das, was ohnegleichen war,
die Uniformität gebar.

Jetzt steht er da und fasst es nicht:
Die sehn ja alle aus wie ich!

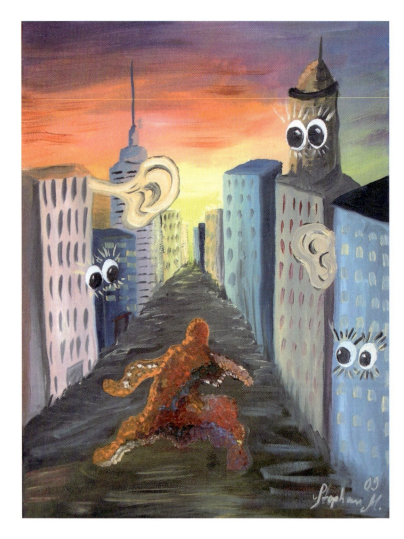

Maria Stephan – Öl

Das Fremde

In eine kleine Stadt,
die wenig Menschen hat,
kommt eines Tages wie verloren
ein Mensch, dem fehlen beide Ohren.
      Auch seine Sprache klingt ganz fremd
      und außerdem trägt er kein Hemd.
      Ein buntes Wams schmückt seine Glieder
      und sein Kopfschmuck ist Gefieder.
Er schlendert langsam durch die Stadt,
grüßt lächelnd fremde Menschen,
macht hier und dort ein Fotobild
und schüttelt Kinderhändchen.
      „Wer mag das sein, was will der hier?"
      So tuschelt man von Tür zu Tür.
      Argwohn schleicht sich durch die Stadt,
      gepaart mit Vorurteilen,
      was diesen Menschen wohl bewegt,
      hier länger zu verweilen.
Am besten wär's, er würde gehn,
man möchte ihn hier nicht mehr sehn.
Er tut zwar nichts, ist nett zu Kindern,
doch dies kann Fremdenfurcht nicht mindern.
      „Ein Mensch, der aussieht so wie der,
      gehört ganz einfach nicht hier her."
      Der Mensch, der dies im Herzen hört,
      ist weder traurig noch empört.
Er kennt die Ängste dieser Menschen,
die einst auch seinen Geist beschränkten.
So geht er leise aus der Stadt,
wo man noch nicht verstanden hat.

Gabriele Schupfner – Aquarell

Der Seitensprung

Dem Menschen ist im tiefsten Wesen
die Sprungbereitschaft mitgegeben.
So springt er hoch, so springt er weit
und in die Tiefe, wenn's ihn treibt.

Nun gibt es da noch einen Sprung,
der sehr beliebt bei Alt und Jung
- der oft geübte Seitensprung.
Er gilt von je her als gefährlich
und ist im Grunde auch beschwerlich.
Doch tut dem Menschen etwas gut,
bekommt er davon nicht genug.

Geht mal ein Seitensprung daneben
und lässt die heile Welt erbeben,
ist mancher nach geraumer Zeit,
obwohl es ihn im Innren reut,
erneut zu einem Sprung bereit.

Jetzt fragt sich ein sehr keuscher Mensch,
der diese Art von Sprung nicht kennt,
was mag denjenigen bewegen,
auch wenn er eigentlich dagegen,
immer wieder springen muss,
obwohl er weiß, es droht Verdruss.

Dies ist ganz einfach zu begründen,
kann uns die Wissenschaft verkünden.
Die Gene dieser Spezies
sind ausnahmslos – das weiß man jetzt -
in etwa wie beim Quantensprung,
dem Ursprung eines Seitensprungs,
der Artenvielfalt zuzuschreiben,
damit wir nicht dieselben bleiben.

Maria Stephan – Pastellkreide

Schönheit

Die Schönheit ist ein Horrortrip
und alle machen fleißig mit.

Sonnenbänke - Fitnesscenter,
Schlankheitskuren - Beauty-Center,
alle bieten für viel Geld
die Schönheit zur Narzisstenwelt.

Man schreitet zum Gesichtsdesigner,
der gratis auch das Hirn verkleinert
und passt nun besser in die Zeit,
die ständig nur nach Schönheit schreit.

So wird man außen kunterbunt,
nur innen wird die Seele wund.

Wenn sie nicht scheint, hilft auch kein Kleistern,
um damit unser Selbst zu meistern.

Wer dies erkennt, wird sich besinnen:
Die wahre Schönheit kommt von Innen.

Gabriele Schupfner – Bleistiftzeichnung

Die Seifenblase

Die Seifenblase hat den Menschen
zu allen Zeiten fasziniert,
weil sie so schillernd aufgeblasen
des Menschen Eitelkeit kopiert.

Viel wird geredet und geschwindelt
über das, was man gern wär.
Betrachtet man die Seifenblase,
ihr fällt das Dasein nicht so schwer.

Gabriele Schupfner – Aquarell

Die Büroküche

Morgen spül ich meine Sachen,
sagt sich jeder insgeheim,
hastet eilig aus der Küche
und geht Herrn Alzheim auf den Leim.

Alle hoffen mit Bedacht,
dass irgendwer schon sauber macht.

Am nächsten Morgen, guter Laune,
frisch und fröhlich aufgeweckt,
schreitet man zum Kaffee kochen
und wird fürchterlich erschreckt.

Teller, Gläser, Kaffeetassen
stehen ungespült umher,
der Kühlschrank lässt sich kaum mehr öffnen,
er ist verklebt vom Camembert.

Das Küchenhandtuch liegt am Boden
und ein Spültuch ebenso,
da fragt ein mancher sich verwundert:
Ist das hier ein Küchenklo?

Um dieses Maß noch voll zu machen,
klaut man hier auch schon mal Tassen,
nimmt fremden Kaffee aus der Dose
und beschmiert den Schrank mit Soße.

Wer all dies kennt, weiß ganz genau,
der andre ist die Küchensau.

Gabriele Schupfner – Aquarell

Lust

Errötend folgt er ihren Spuren,
der Grund ist klar - er will sie nackt.

Weshalb ihn diese Lüste spuren
ist im Kleinhirn eingepackt.

Moral und Ethik sind die Knechte,
die gewissenlos uns drehn.
Und wenn wir vor die Wahrheit treten,
ist die Lüge schon zu sehn.

Gabriele Schupfner – Pastellkreide

Der Unsinn

Fünf Sinne sind dem Mensch' gegeben,
um sich auf Erden zu erleben.
    Der Erste dient als Objektiv,
    durch das er sich die Welt besieht.
    Der Zweite ist ohraler Art,
    um zu hören, was er sagt.
    Der Dritte ist nasal geprägt,
    mit dem er riecht, wenn er 'was brät.
Der Vierte ist mundan belegt,
sodass er schmeckt, was er sich brät.
Der Fünfte liegt in seinen Pratzen,
damit er fühlt, wo soll er kratzen.
Er hat noch einen sechsten Sinn,
der ihm verrät, wenn 'was nicht stimmt.
    Die Sinne sind nun aufgezählt,
    nur einer ist noch da, der fehlt.
    Dieser Sinn ist unerklärlich
    und gilt auch manchem als gefährlich.
Ein Mensch, der diesen Sinn benutzt,
wird gerne mal herab geputzt.
Man sagt voll Häme „dieser Spinner,
der lernt das Leben nie und nimmer".
    Doch grade ist es dieser Sinn,
    der uns das Leben näher bringt.
    Denn ohne ihn gäb's nichts zu lachen,
    würde man niemals Unsinn machen.

Gabriele Schupfner – Aquarell

Der Luftikus

Kulturgeschichtlich kommt der Furz
im Allgemeinen viel zu kurz.
Der Grund dafür liegt im Betreiben,
diesen Frevel zu umschreiben.

Mit Sausen, Fahren, Ziehen lassen
lässt sich wohl in Worte fassen,
was dem Menschen nicht genehm,
doch so kann man ihm nicht entgehn.

Nur zu Martin Luthers Zeiten
durfte er sich weit verbreiten
und frohgemut das Mahl begleiten.
Ansonsten, bis in unsre Tage,
gilt er als verruchte Plage;
heimlich lässt man ihn nur frei,
des Glaubens, dass er leise sei.

Jedoch entpuppt sich so ein Schleicher
leider nicht als Wohlgeruch,
sondern wird zum üblen Abgang
– dem gemeinen Böllerschuss.

Mancher lässt, um Mut zu proben,
im Fahrstuhl schon mal einen gehn,
schielt dann heimlich in die Runde,
um deren Peinlichkeit zu sehn.   >>>

Niemand wagt ein Wort zu sagen,
nur die Mimik zeigt empört,
dass man selbst nicht, nur der andre,
nicht wüsste, was sich nicht gehört.

Besonders auch in jungen Jahren,
wo Schamerfahrung nicht sehr groß,
bläst man gerne, weil im Rudel,
gemeinsam zum Fanfaren-Stoß.

Im Alter, das die Würde schafft,
der Muskel aber leicht erschlafft,
versucht man durch gestrafftes Gehn
der Entweichung zu entgehn.

Doch manchmal, so zeigt uns das Leben,
wird es in diesem etwas geben,
das man nicht verhindern kann
und strengt man sich auch noch so an.

Zum Schluss ein kleines Volksgedicht,
das voll geblähter Freude ist
und sogar Sparsamkeit verspricht:
Der Vater furzt, die Kinder lachen,
so kann man auch mit kleinen Sachen
den Kindern eine Freude machen.